¿PUEDES ENCONTRAR MI AMOR?

LLUVIA

JAN MARQUART

Traducido por
KATARINA SCHUETTE

Derechos de Autor © 2018 Jan Marquart
Derechos Reservados

Traducido de inglés por Katarina Schuette

www.CanYouFindMyLove.com

ISBN: 173249830X
ISBN-13: 9781732498303

Portada e Interior por Publish Pros
www.publishpros.com

Libros actualmente disponibles en la serie
"¿Puedes encontrar mi amor?"

Estaciones: Libro 1
Afuera: Libro 2
Lluvia: Libro 3

Otros libros en inglés por Jan Marquart

PARA ADULTOS

Write to Heal
The Mindful Writer, Still the Mind, Free the Pen
The Basket Weaver, una novela
Kate's Way, una novela
Echoes from the Womb, a Book for Daughters
Voices from the Land
The Breath of Dawn, a Journey of Everyday Blessings
How to Write From Your Heart, un panfleto
How to Write Your Own Memoir, un panfleto
A Manual on How to Deal With a Bully in the Workplace
Cracked Open, a Book of Poems
A Writer's Wisdom

Para:

Pegue
foto
aquí

_____

NOMBRE

Gracias a todos los padres, abuelos, maestros, médicos, trabajadores de guardería, y los otros quien han apoyado a mis esfuerzos.

También mi agradecimiento a Rich Carnahan, quien sigue ayudándome a publicar esta serie de libros, y su hijo, Aiden, un joven especial quien ha influido enormemente en mi trabajo.

¿PUEDES ENCONTRAR MI AMOR?
fue inspirado por dos angelitos:
Landon James y Evelyn Kristen.

Sus orgullosos padres son mi dulce sobrino David Maravel y su hermosa esposa Shawn Maravel.

Has recibido este libro
porque alguien te ama.

Mira detalladamente y encontrarás amor
escondido en cosas diarias las cuales
posiblemente des por sentado.

Así es como se ve.

Cuando encuentres el amor que he puesto
para ti, espero que caliente tu corazón
y te deje saber lo
tan especial que eres.

NO habría agua sin lluvia.

LLUVIA

PARA BEBER

Tomamos lluvia, la limpiamos, y la bombeamos a grifos y fuentes para que podamos beber.

¿PUEDES ENCONTRAR MI AMOR?

PARA ANIMALES

La lluvia proporciona agua potable para los animales que viven en la naturaleza, como leones, osos, mapaches y ciervos.

¿PUEDES ENCONTRAR MI AMOR?

PARA GRANJAS

Sin lluvia, no tendríamos cultivos para comer.
Cada fruta y verdura necesita lluvia
para crecer.

¿PUEDES ENCONTRAR MI AMOR?

PARA MANTENERSE FRESCO

La lluvia refresca el suelo en un día caluroso,
que también mantiene nuestro aire fresco.

¿PUEDES ENCONTRAR MI AMOR?

PARA SELVAS LLUVIOSAS

Estas selvas calientes y densas reciben mucha lluvia cada año. Muchas plantas de estas selvas se utilizan para curar enfermedades.

¿PUEDES ENCONTRAR MI AMOR?

PARA EL BARRO

La suciedad realmente húmeda y pegajosa se llama barro. Sin barro, la tierra se derrumbaría y se rompería.

PARA JARDINES

Las plantas, los árboles y las flores en nuestros jardines necesitan lluvia para regar sus raíces y mantenerlos sanos.

PARA TORMENTAS

Las tormentas son emocionantes.
Crean fuertes estruendos,
fuertes lluvias y trueno.

PARA UN ARCOÍRIS

Cuando los rayos del sol pasan a través de la niebla después de que llueve, aparecen bellas rayas de colores en el cielo.

PARA CHARCOS

Los charcos se forman cuando llueve mucho.
Es divertido ponerse las botas y saltar
en los charcos.

PARA GOTITAS

Las gotas de lluvia muy pequeñas se llaman gotitas. Las gotas en las telas de araña parecen joyas.

PARA CUERPOS DE AGUA

Sin lluvia, no habría océanos, ríos, lagos, o estanques. Todo estaría seco.

PARA DIVERSIÓN

No habría piscinas ni parques acuáticos sin lluvia. ¡Es divertido jugar en el agua!

PARA LOS PECES

El agua en que nadan los peces proviene de la lluvia. Los peces pueden respirar bajo el agua.

PARA COCINAR

Muchas recetas usan agua. Hervimos agua para hacer espagueti y sopas.

¿PUEDES ENCONTRAR MI AMOR?

PARA CASCADAS

Cuando la lluvia llena arroyos y ríos, el agua que fluye sobre las rocas y los acantilados se llama cascada.

PARA BAÑARNOS

Usamos agua de la lluvia para bañarnos y ducharnos. Nos ayuda a mantenernos limpios y sanos.

¿PUEDES ENCONTRAR MI AMOR?

PARA LAVANDERÍA

La lluvia nos da agua para lavar nuestra ropa cuando se ensucian.

PARA REFLEXIONES

El agua quieta parece un espejo.
Mírate en un charco y encontrarás tu reflejo
mirando hacia a ti.

PARA AIRE LIMPIO

A medida que la lluvia cae de las nubes, lava los productos químicos, el polvo y el polen en el aire.

PARA HACER HIELO

El hielo está hecho de agua helada.
Se usan cubos de hielo para mantener
nuestras bebidas frías.

¿PUEDES ENCONTRAR MI AMOR?

PARA HACER BURBUJAS

Puedes hacer burbujas agregando jabón para lavar platos a un recipiente con agua.

¿PUEDES ENCONTRAR MI AMOR?

¿Lo has mirado suficientemente cerca para encontrar todo mi amor?

¿Puedes **DIBUJAR** algunas otras cosas que necesitan **AGUA**?

¿Puedes **DIBUJAR** algunas otras cosas que necesitan **AGUA**?

¿Puedes **DIBUJAR** algunas otras cosas que necesitan **AGUA**?

De:

pegue
foto
aquí

_____
NOMBRE

Sobre la autora

Jan Marquart es psicoterapeuta y autora. Ha publicado 11 libros para adultos y ha publicado artículos, historias, poemas y ensayos en varios periódicos, diarios, y revistas en los Estados Unidos, Australia y Europa. Es profesora de escritura para personas mayores de cincuenta años y ha enseñado una docena de talleres de escritura para Story Circle Network.

Jan ha diseñado un curso de escritura de 6 semanas titulado Revelar el ser herido - Escribir para sanar, que se enfoca en curar el TEPT y también ha diseñado un curso de escritura de 6 semanas titulado La provocación de la escritura del diario para fomentar a todos a escribir sus historias personales. Ella ha escrito más de 100 revistas diarias.

Puede contactarse con Jan en JanMarquart.com, JanMarquartlcsw.wordpress.com y en su dirección de correo electrónico personal, jan@canyoufindmylove.com.

Sus libros pueden ser comprados en todas las tiendas principales de libros en línea.

www.ingramcontent.com/pod-product-compliance
Lightning Source LLC
Chambersburg PA
CBHW060756090426
42736CB00002B/54